Catrin Welz-Stein

MYSTISCHE MOMENTE

Orakelkarten

KÖNIGSFURT URANIA

Die in diesem Booklet enthaltenen Informationen und Ratschläge wurden von der Autorin sorgfältig recherchiert und geprüft. Eine Garantie kann dennoch nicht übernommen werden. Die Informationen und Ratschläge sind außerdem nicht dazu gedacht, die Beratung durch einen Arzt oder Therapeuten zu ersetzen, sofern eine solche angezeigt ist. Eine Haftung der Autorin oder des Verlags ist ausgeschlossen.

Bibliographische Information der Deutschen Nationalbibliothek
Die Deutsche Nationalbibliothek verzeichnet diese Publikation in der Deutschen Nationalbibliographie; detaillierte bibliographische Daten sind im Internet über http://dnb.d-nb.de abrufbar.

Deutsche Erstausgabe
6 Auflage 2025

Project Management: Martina Weihe-Reckewitz
Lektorat: Dr. Jennifer Lorenzen Peth
Satz und Layout: Antje Betken, Oldenbüttel
Druck: Leo Paper Products Ltd.

Printed in China
ISBN 978-3-86826-778-5

EINLEITUNG

Nutzen wir sie regelmäßig, sind diese 52 Karten ein wunderbarer Spiegel unserer unbewussten Gefühle und Gedanken. Jede für sich erzählt eine Geschichte über weibliche Intuition, Weisheit und Verbundenheit. Sie sind eine Bereicherung, ein Füllhorn an Inspiration und wertvolle Entscheidungshilfe. Denn diese Seelenbilder können uns dabei helfen, uns selbst besser kennenzulernen, zu erkennen und zu entdecken, wer wir sind und was wir wirklich wollen. Jenseits der Logik, im Reich des ewigen Wissens finden wir jene Antworten, nach denen wir suchen. Denn dort liegt sie – die Quelle der Weisheit. Die Türen zu diesem magischen Ort öffnen sich, sobald wir bereit sind, auf die Botschaften unseres Herzens zu hören. Mit Hilfe dieser zauberhaften Bilder können wir uns auf die spannendste Reise unseres Lebens begeben – die Reise in die geheimnisvolle Welt unseres Unbewussten. Lassen wir uns auf sie ein, gewähren uns diese 52 Karten Einblick in die Tiefen unserer Persönlichkeit.

Kein Pinselstrich auf diesen Karten ist zufällig, jedes Detail erzählt eine Geschichte, enthüllt ein Geheimnis. In ihrer faszinierenden Bildsprache veranschaulichen die Karten so unseren Weg zum wahren Ich und fungieren wie eine Art Landkarte des Lebens, voller Orientierungshilfen und Wegweiser, die uns Suchenden die Richtung weisen sollen. Und immer sind sie ein Spiegelbild der jeweiligen Situation, zeigen uns die Wirklichkeit hinter der Wirklichkeit.

Um eine Karte zu interpretieren, benötigen wir keinerlei hellseherische Fähigkeiten oder besondere Gaben. Ihre Symbolik ist klar. Die mit den einzelnen Karten verbundenen Aussagen bringen Gedanken, Gefühle und Stimmungen zum Klingen. Sie regen Assoziationen an, lassen Visionen, Ahnungen und ein tiefes Wissen aus unserem Unbewussten aufsteigen. Sinn ergibt ihre Deutung nur im Kontext unseres eigenen Erlebens. Feste Regeln existieren nicht. Es geht einzig und allein um Stimmigkeit, um Wahrheit; unsere Reaktion auf die Karten ist weitaus wichtiger als jede festgelegte Interpretation.

Sind wir offen, werden die Karten zu uns sprechen. Und im Laufe der Zeit werden wir verstehen, dass äußere Ereignisse lediglich unsere eigenen Gedanken und Gefühle widerspiegeln, auch wenn wir uns ihrer nicht bewusst sind. So helfen uns diese Karten, unsere Aufmerksamkeit von den äußeren Ereignissen abzulenken und ein klares Verständnis für unsere Innenwelt zu entwickeln. Wir können die Karten spielerisch nutzen oder zur Meditation. Alles ist möglich, denn wir selbst stellen in diesem Spiel des Lebens die Regeln auf. Im Lauf der Zeit werden die Karten zu Freunden, die uns dabei unterstützen, bewusster zu werden. Wir begeben uns mit ihnen auf eine Entdeckungsreise zu uns selbst.

Ob und wie die Karten sich uns mitteilen, hängt von uns ab – von unserer Tagesform, unserem Bewusstsein und vor allem von den Dingen, die uns in unserem tiefsten Inneren bewegen. Doch eines können die Karten nicht: uns den Weg in die Zukunft zeigen. Sie helfen uns jedoch dabei, herauszufinden, was wir selbst wollen, Alternativen und Tendenzen aufzuspüren. Und manchmal vermitteln sie auch die entscheidenden Impulse, die uns dazu anregen, unseren Blickwinkel zu ändern. Jeder Veränderung unserer äußeren Umstände geht eine Verwandlung im Inneren voraus. Bewusst umgestalten können wir nur das, was wir als veränderungsbedürftig erkannt haben.

Wie wir die Karten für uns nutzen können

Wenn wir wissen möchten, was der Tag bringt, oder Antwort auf eine konkrete Frage suchen, können uns die Karten helfen. Oder wir nutzen sie zur Meditation. Vielleicht zünden wir eine Kerze an, nehmen uns ein wenig Zeit und stimmen uns auf die Karten oder eine Frage ein. Dann mischen wir das Deck und breiten die Karten mit dem Bild nach unten wie einen Fächer aus. Nun können wir intuitiv eine oder mehrere Karten ziehen. Oder wir schauen uns alle Bilder an und wählen bewusst eine Karte aus, die uns jetzt am meisten anspricht.

Meist genügt es, eine einzige Karte zu ziehen und sich für einige Minuten in das Bild zu vertiefen. Die Antworten tauchen dann von ganz allein aus dem Unterbewusstsein auf.

Wenn wir etwas tiefer gehen wollen, ziehen wir drei Karten, beispielsweise zu folgenden Themen: Wer bin ich? Was will ich? Was macht mich glücklich? Drei scheinbar einfache Fragen, die wir aber nur selten beantworten können. Zu jeder wählen wir eine Karte und vertiefen uns in ihre Botschaft. Egal, ob wir mit einer oder mehreren Karten arbeiten, wir konzentrieren uns am besten immer zuerst auf die jeweiligen Bilder, lassen sie zu uns sprechen – und erst dann lesen wir die Interpretation. Schließlich ist alles, was wir wissen müssen, in der Quelle der Weisheit tief in uns verborgen. Und die Karten vermitteln uns lediglich Impulse und weisen uns den Weg dorthin.

Königsfurt-Urania Verlag
Januar 2020

DIE 52 KARTEN

1 Tag & Nacht

Unsicherheit, Zweifel, Ängste, Sorgen, wichtige Entscheidungen stehen an

In ihren Händen hält die junge Frau die Sonne, hinter ihr schimmert der Mond. Und obwohl sie geborgen ist im Universum, wirkt sie verunsichert. Eine schwere Entscheidung liegt an – und sie weiß nicht, welchen Weg sie wählen wird. Was bewegt sie so sehr? Hat sie Angst vor möglichen Konsequenzen, die mit ihrer Wahl verbunden sein könnten? Wir alle kommen im Leben immer wieder an einen Punkt, an dem wir uns entscheiden müssen. Oft kämpfen wir dagegen an, wollen nicht loslassen. Fürchten uns vielleicht sogar vor der Zukunft. Und wissen nicht, wohin wir gehören. Doch der Dunkelheit folgt immer das Licht – und diese Karte fordert uns auf, uns selbst zu vertrauen. Unser Herz um Hilfe zu bitten. Folgen wir seiner Weisheit, wird am Ende alles gut.

2 Entscheidung

Wahlmöglichkeiten, Zuversicht, Loslassen, Selbst-Bewusstsein

Wir sehen eine Frau im Profil. In ihren Haaren ist ein Vogelkäfig befestigt. Die Tür ist geöffnet und sie entlässt ihren gefiederten Freund in die Freiheit. Die Sterne und der Mond weisen ihm den Weg. Und in ihrer Hand hält die junge Frau einen gepflückten Stern, der den kleinen Vogel beschützen soll. Diese Karte symbolisiert jene Freiheit, die wir alle haben: Wir selbst sind es, die entscheiden, welchen Weg in die Zukunft wir für uns wählen wollen. Doch wir tragen auch die Verantwortung für unser Tun genauso wie für uns selbst. Denn jede Entscheidung hat Konsequenzen. Je radikaler wir uns von unseren Ängsten, alten Denkmustern und starren Strukturen befreien, desto mehr Leichtigkeit bringen wir in unser Sein. Desto erfüllender kann unser Leben werden. Wir besitzen die innere Stärke, unsere Probleme zu lösen – und den Mut, uns aus einengenden Zwängen zu befreien. Wir brauchen keinen Käfig.

3 Im Reich der Träume

Seelenreise, Vorstellungskraft, innere Stärke

Wir alle kennen die Geschichte von Dornröschen, die sich an einer Spindel stach und in einen tiefen, 100 Jahre währenden Schlaf fiel. Diese Karte zeigt die schlafende Schöne. Ihre Haare sind so dick wie ein Dornengestrüpp und umspinnen ein Schloss auf ihrem Kopf. Stell dir vor, wie deine Seele im Schlaf auf Reisen geht. Sie sucht geheimnisvolle Orte auf, fliegt durch das Tal der Träume. Wohin wird es sie ziehen? Welche Menschen werden ihr begegnen? Deine Seele ist frei. Sie ist an keinen bestimmten Ort gebunden. Wenn du bereit bist, kann sie alle Hindernisse überwinden und lässt sich auch nicht durch eine Dornenhecke aufhalten. Genau wie der Vogel in der Hand der schlafenden Schönen, wartet deine Seele darauf, von dir freigelassen zu werden und all die Dinge wahr werden zu lassen, von denen du schon so lange träumst. Glaub an deine innere Stärke und beginne damit, deine Träume zu leben, statt dein Leben weiter zu träumen.

4 Mut

Risiken eingehen, Leichtigkeit, Abenteuer, Perspektiven

Sieh nur, dieses Mädchen balanciert in schwindelnder Höhe auf einem Seil. Es tanzt mit dem Mond. Tanzt durch ihr Leben. So mutig zu sein, ist ein Geschenk. Eine Gabe. Du solltest dieses Präsent wie einen Schatz hüten. Mach dir klar, wie mutig du bist. Wie couragiert du dich schon den verschiedenen Herausforderungen deines Lebens gestellt hast. Sei stolz auf dich. Genieße die Leichtigkeit des Seins. Blick voll Zuversicht in die Zukunft und verlasse deine Komfortzone. Solange du dein inneres Gleichgewicht bewahrst, kannst du dich über alle Widrigkeiten erheben und wirst für deine Probleme immer eine Lösung finden. Fühl den Wind im Haar und stürz dich mutig in all jene Abenteuer, nach denen sich deine Seele schon so lange sehnt.

5 Selbst-Bewusstsein

Selbstvertrauen, Weiblichkeit, Selbstverwirklichung

Selbstbewusst und stolz schaut uns die Frau auf der Karte in die Augen. Sie zeigt keine Spur von Schüchternheit und weiß ganz genau, was sie will. Ihre geflochtenen Zöpfe sind so dick wie Äste und symbolisieren Stärke. Alles an ihr strahlt natürliche Kraft und Fülle aus. Auch du bist ein Geschöpf von Mutter Erde. Die Natur umgibt dich. Schmückt dich. Kannst du deine Wurzeln spüren, deine tiefe Verbundenheit mit allem, was ist? Du bist nicht allein. Du bist sicher. Geborgen. Immer. Werde dir deiner wahren Stärke bewusst. Du bist ein wunderbares Wesen voll unbändiger Energie. Pur und schön!

6 Zuhören

Achtsamkeit, Sensibilität, Empathie

Dieses Mädchen ruht in sich, sie ist fest verbunden mit der Natur und mit ihren eigenen Wurzeln. Mit einem wissenden

Lächeln lauscht sie und ist dabei so aufmerksam, so still, dass sie alles wahrnimmt, was um sie herum geschieht. Es scheint, als höre sie den Pflanzen zu. Auch du bist mit der Natur fest verwurzelt, kannst ihre Botschaften vernehmen. Diese Verbundenheit hilft dir, zur Ruhe zu kommen. Dich selbst zu finden. Deine Achtsamkeit tut deiner Umwelt, aber auch dir selbst gut. Wenn du deine Wurzeln spürst, kann dir die Hektik des Alltags nichts anhaben. Achte auf dich, suche die Stille in dir. Tanke Kraft in der Natur. Sie ist deine Heimat.

7 Natürlichkeit

Anmut, Erblühen, Jugend, Frische

Dieses junge Mädchen reift heran zu einer Frau. Sie weiß um ihre natürliche, jugendliche Schönheit. Mehr noch: Sie symbolisiert das blühende Leben. Entdecke auch du in dir diese wunderbare Frau. Diese vollkommene, faszinierende Ausstrahlung, die wir alle besitzen – egal, wie alt wir sind. In dem Moment, in dem wir verstehen, wer wir wirklich sind, erkennen wir auch jene unsterbliche strahlende Schönheit, die im Innersten eines jeden Menschen verborgen ist. Wir werden uns jener natürlichen Anmut und jenes Liebreizes bewusst, die wir dann besitzen, wenn wir in Einklang mit der Natur leben, unserem Spirit folgen.

8 Zufriedenheit

Dankbarkeit, Vergnügen, Glück

Die Frau auf dieser Karte streift durch einen wunderschönen Blumengarten. Riesige pinke Blüten schmücken ihren Kopf, ihr ganzer Körper scheint mit den Pflanzen zu verschmelzen. Sie ist eins mit der Natur. Ruht in sich, denn sie hat ihr Glück gefunden. Auf ihrem Lebensweg schreitet sie voran, erfüllt von Dankbarkeit für die Geschenke von Mutter Erde. Erfreue auch du dich an deiner Weiblichkeit. Schmücke dich mit den Farben der Blüten. Betrachte dich im Spiegel. Genieße deinen Körper. Und entdecke deine innere und äußere Schönheit. Und dann gehe selbstbewusst jenen Weg, den du selbst gewählt hast. Deinen Weg ins Glück.

9 Rosengarten

Sensibilität, Naturverbundenheit, Stärke

Betrachte diese wunderschöne Frau, die selbst zu einer Blume erblüht ist. Sie drückt eine rote Blüte an ihr Herz, ihr Haar hat sich in ein Blatt verwandelt, das im Wind weht. Selbst ein Teil der Natur, wird sie mit jeder Berührung und jeder zärtlichen Geste stärker und empfindsamer für alles, was sie umgibt. Ihre Freunde sind der Schmetterling, der sich vertrauensvoll auf ihre Hand setzt, oder die Raupe, die sich an ihren Hals schmiegt. Niemals ist die Schöne allein. Auch du bist eine Rose. Bist ein Teil der Natur und umgeben von dir freundlich gesonnenen Geschöpfen. Hab Vertrauen in dich. Und vergiss nie: Eine Rose ist schön, selbstbewusst und trotz ihrer Unabhängigkeit eng mit allem verbunden.

10 Blumenkind

Empathie, Verspieltheit, Fürsorglichkeit, Inspiration

Zärtlich umarmt die kleine Blumenfee den Stiel der roten Blüte, streichelt ihr Blütenblatt.

Die Pflanzen sind ihre Freunde, sie lauscht ihren Sorgen, behütet sie und ist immer für sie da. In ihrem Reich fühlt sie sich wohl und genießt die Leichtigkeit, die Verspieltheit ihres Seins. In deinem Herzen bist auch du ein Blumenkind. Die Seele der Pflanze ist dir vertraut. Aber auch deine Herzensmenschen werden von dir beschützt. Fürsorglich und feinfühlig kümmerst du dich um ihre Bedürfnisse. Dabei verlierst du nie deine kindliche Unbekümmertheit, deinen Glauben daran, dass alles am Ende gut wird. Du bist eine Freude und Inspiration für andere. Einfach ein wunderbares Wesen, dessen Gesellschaft alle genießen.

11 Bienenkönigin

Kraft, Wachstum, Fürsorge, Mütterlichkeit

Hier sehen wir die Bienenkönigin. Ihr großer Rock ist ein Blumenturm, in dem die Bienen leben. Die Königin ist groß und stark – sie bietet ihrem Volk Schutz. Vertrauensvoll setzen sich die Bienen auf die Hände ihrer Gebieterin. Sie ist die Mutter, die sich um sie kümmert, sie nährt. Einfach immer für sie da ist. Auch in dir ist diese besondere innere Stärke, die andere wahrnehmen. Du bist für Freunde in der Not der Fels in der Brandung, deine Familie schätzt dich sehr. Du schenkst Leben und sorgst dich wie eine Mutter um die Natur. Engagierst dich für das Wachstum und Wohlergehen aller Lebewesen. Und damit bist auch du eine Königin – vergiss das nie.

12 Verbundenheit

Erneuerung, Transformation, Wachstum, Freigeben

Das Mädchen sitzt auf einem Baumstumpf, hält mit der rechten Hand ein Blatt und versucht mit der linken Hand weitere Blätter zu fangen, die der Wind fortweht. Alles ist im Fluss, nichts bleibt, wie es ist. Und alles ist miteinander verbunden: Wachstum erfolgt nur durch Veränderung. Veränderung bewirkt oft Transformation. Manchmal ist so ein Wandel schmerzhaft. Lass dich dennoch ein auf diesen Prozess der Erneuerung. Hab keine Angst, sondern lass los, was nicht mehr zu dir passt. Gib frei, was nicht länger zu dir gehört, und vertraue darauf, dass Neues kommt. Lass dich treiben wie ein Blatt im Wind und vertraue darauf, dass du deinen wahren Weg niemals verlieren wirst und deine Verbundenheit mit dem, was wirklich zu dir gehört, ewig bestehen wird. Wachse in Frieden.

13 Bewusst-Sein

Sich den eigenen Ängsten stellen, Bewusstheit, Erkenntnis

Auf dieser Karte sehen wir eine Frau, die sehr konzentriert dicke Regentropfen in ihrem Blätterkorb sammelt. Dieses „Morgentau-Mädchen" symbolisiert das Empfangen und Aufnehmen aller Sorgen und Nöte. Sie fordert uns auf, unsere Gefühle und Ängste mit anderen zu teilen. Wir können mit unseren Herzensmenschen offen darüber sprechen, was uns bewegt, statt unsere Emotionen in unserem Inneren zu vergraben. Gleichzeitig zeigt uns diese Karte unsere eigene Stärke: Wir sind fähig, uns unseren verborgenen Ängsten zu stellen. Zu erkennen, was hinter der Furcht steckt – und uns mit unseren Schatten auszusöhnen. Stark genug, um vom Dunkeln ins Licht zu gehen und so unser wahres Selbst zu entdecken.

14 Leidenschaft

Verführung, Liebe, Weiblichkeit, Leidenschaft

Wir sehen ein elegant gekleidetes Paar. Die Frau schmiegt sich an den Mann, flüstert ihm etwas ins Ohr. Spricht sie über Liebe? Welche betörenden Geheimnisse mag sie ihm wohl anvertrauen? In ihrem roten, mit funkelnden Juwelen besetzten Kleid wirkt sie überaus reizvoll und ist sich ihrer Ausstrahlung, ihrer Wirkung durchaus bewusst. Sie nutzt ihre Weiblichkeit, ihre Schönheit und ihre Leidenschaft. Verführt ihn mit allen Sinnen. In Liebkosungen, sanften Worten, leisen Beschwörungen steckt eine magische Kraft, die wir alle kennen. Wenn du willst, beherrschst auch du diese Kunst der Verführung. Mach dir deine Weiblichkeit bewusst und lebe deine Leidenschaft. Was hast du zu verlieren – und was kannst du gewinnen?

15 Elixier des Lebens

Heilung, Festigung, Stärkung, innere Schönheit

Eine Frau atmet tief in sich versunken den Duft einer roten Rose ein. Ihre Augen sind geschlossen. Nichts ist in diesem Moment wichtiger als diese formvollendete Blüte. Das ist Meditation pur. Schließe deine Augen und tauche ein in die Natur mit all ihren Schätzen. Tanke ihre Energie, nimm sie in dir auf und fühl ihre belebende Kraft. Bäume, Blumen, Moos – sie alle verwöhnen uns mit ihren Aromen. Lassen wir uns auf eine Begegnung mit ihnen ein, können uns ihre Elixiere des Lebens zurück zu uns selbst führen. Können unserer Seele Frieden schenken, uns heilen. Mehr noch: Sie schärfen unser Bewusstsein für jene innere heilende Kraft und Schönheit, die allen Lebewesen innewohnt.

16 Eva

Sexualität, Weiblichkeit, Verführung, Erotik

Aus dem Dschungel tritt eine selbstbewusste Frau, bekleidet mit Blüten und Blättern. Eine Schlange ringelt sich in ihrem Nacken. Vor uns steht Eva, die Urmutter der Weiblichkeit und Verführung. Sie präsentiert sich selbst als Frucht der Erkenntnis, als ewiges Versprechen. Achte sie, denn sie ist leidenschaftlich und ihr Kuss kann so toxisch wie ein Schlangenbiss sein. Sie fordert dich auf, deine weibliche Seite zu leben. Dich auf Abenteuer einzulassen, wenn du dazu bereit bist. Aber vergiss dabei nie, die meisten Verführer tragen eine Maske. Niemand weiß genau, was sich dahinter verbirgt. Wie weit willst du dich einlassen, was bist du bereit zu riskieren? Triff sorgfältig deine Wahl. Und dann tue, was du willst – aber tue es immer in Liebe. Zu dir selbst und anderen.

17 Sonnenkind

Sonne, Licht, Energie, Mut, Klarheit

Diese Frau erhebt sich in die Lüfte. Ihr Haar scheint hell wie die Sonne, ihr Kleid wirkt wie ein riesiges Gebäude. Sie kommt von einem dunkleren Ort und lässt nun alle Schatten, alles Belastende hinter sich. Ihr Licht ist strahlend, pure Lebensenergie. Auch für dich bricht jetzt eine neue Zeit an: Lasse dein inneres Licht leuchten, werde zur Sonne deines Universums. Erhebe dich zum Himmel empor und lasse die Nacht unter dir. Du bist ein Sonnenkind, ein Geschöpf der Liebe und des Glücks. Genieße dein Leben. Sei glücklich und schau nicht mehr zurück.

18 Schatz der Erinnerung

Erinnerungen, Melancholie, Erkenntnis

Tief versunken sitzt sie im Gras. Sie schaut melancholisch in die Ferne und ihre Gedanken scheinen gleichzeitig in die Vergangenheit zu driften. Mit beiden Händen hält sie einen Ballon fest, der mit Wolken gefüllt ist.

Diese Wolken symbolisieren Erinnerungen. Einige davon sind so kostbar, dass sie diese auf keinen Fall loslassen möchte. Vergangene Erfahrungen sind zwar wichtig für unsere Entwicklung, aber wir sollten uns nicht über sie definieren. Das würde Stillstand bedeuten. Und wir können nicht ewig so weiterleben, wie wir es früher einmal getan haben. Denn wir verändern uns, unser Umfeld verändert sich. Unsere Zukunft bringt neue spannende Erlebnisse. Was uns jedoch für immer bleibt, sind die Erinnerungen an geliebte Menschen, an glückliche Momente. Und diese Schätze schenken uns Kraft. Jene Kraft, die wir brauchen, um uns selbst mutig weiterzuentwickeln zur besten Version unseres Ichs.

19 Entdeckungsreise

Abenteuerlust, Neugierde, Wertschätzung

Alles ist möglich – die junge Frau auf dieser Karte reitet auf einem Reh in eine ungewisse Zukunft. Das Abenteuer ruft und sie ist bereit, diesem Ruf zu folgen. Zu lange war sie brav und verspielt. Und auch jetzt noch verwendet sie als Zügel nur ein rotes Band. Lenkt sie das Tier oder lässt sie sich einfach von ihm hinfort tragen? Das ist egal, denn sie hat verstanden: Der Weg ist das Ziel. Und so ist sie einfach nur neugierig, was die Zukunft ihr bringen mag. Hör in dich hinein: Bist auch du vielleicht schon lange bereit für eine persönliche Entdeckungsreise? Ist es nicht an der Zeit, Neues zu wagen, deine Grenzen auszutesten? Aber vergiss auf deinem Weg nicht, auf die kleinen Dinge zu achten und deine Begleiter wertzuschätzen. Nichts ist selbstverständlich.

20 Vertrauen

Mitgefühl, Freundschaft, Fürsorge

Ein Mann sitzt auf dem Rücken eines gigantischen Vogels. Eng an dessen Hals geschmiegt, hält er fürsorglich einen Schirm über den Kopf seines gefiederten Freundes, um diesen vor dem Regen zu schützen. Er ist glücklich, helfen zu können, und es ist ihm egal, dass er selbst dabei nass wird. Die Karte zeigt, dass auch du ein treuer Freund bist. Selbst wenn andere mächtig und stark erscheinen, brauchen sie manchmal unsere Unterstützung. Du hast verstanden, dass ein Lächeln oder ein freundliches Wort zur rechten Zeit Licht in das Leben anderer bringen kann. Wenn du spürst, dass du gebraucht wirst, bist du da. Du bist kreativ, verfügst über eine wunderbare Intuition und findest ungewöhnliche Möglichkeiten, anderen beizustehen. In dir stecken so viele ungeahnte Kräfte.

21 Innere Stärke

Einstellung, Durchhalten, Siegen

Es kommt nicht auf die Größe an: Der Schein kann trügen. Wir sehen einen kleinen Vogel mit dem Hut eines Zirkusdirektors, der auf der Hand einer riesigen Maus in einer Art Clown-Kostüm sitzt. Und es ist der körperlich deutlich unterlegene Vogel, der sagt, wo es lang geht. Innere Stärke kann Riesen besiegen – das belegt eindrucksvoll der Kampf David gegen Goliath. Glaube nicht, dass du keine Chance hast, nur weil du kleiner bist. Auch wenn die Situation vielleicht gerade hoffnungslos scheint, ist es wichtig, nicht aufzugeben. Erinnere dich an deine Triumphe, deine Erfolge. Du hast schon so viel erreicht. Im Leben kommt es auf die innere Stärke an, also halte durch. Wirf deine Ängste über Bord und aktiviere jene kreative Kraft in dir, die dich unbesiegbar macht.

22 Freiheit

Konzentration, Möglichkeiten, Motivation

Erwartungsvoll blickt die Frau auf der Karte in die Zukunft. Sanft streichelt sie den Vogel, der neben ihr sitzt. Genau wie er könnte auch sie sich jeden Moment in die Lüfte erheben mit ihren zarten Flügeln. Alle Hürden, alle Schwierigkeiten könnte sie hinter sich lassen. Alle Möglichkeiten stehen ihr offen und es liegt an ihr, welche Entscheidung sie treffen wird. Du bist aufgefordert, deine Chancen zu prüfen. Du hast viele Optionen. Vielleicht hast du aufgrund diverser Widrigkeiten in der Vergangenheit deine Motivation verloren oder bist dir nicht mehr sicher, ob du den richtigen Weg eingeschlagen hast. Halte inne, hör tief in dich hinein und frage dein Herz, wonach es sich sehnt. Es wird dich nie belügen und kennt alle Antworten. Und dann geh los, umgib dich mit Menschen, die dir guttun und dich dabei unterstützen, endlich deine Flügel auszubreiten. Und flieg los!

23 Die Gabe

Talent, Begeisterung, Einzigartigkeit, Geschenk

Unter dem schneeverhangenen Himmel steht eine selbstbewusste Frau mit prachtvollen Federhaaren. Links trägt sie ein kleines Paket an einer Kordel. Mit der rechten Hand hält sie einen Schirm über den Kopf eines mächtigen Schwans, der mit ihr eng verbunden zu sein scheint. Sein Blick ist fest auf die weiß eingepackte Box gerichtet. Was mag sich darin wohl befinden? Ein Schatz? Die gesamte Szene wirkt mystisch, zieht auch uns als Betrachter in den Bann. Und wir beginnen ihm entgegenzufiebern, diesem magischen Moment zwischen Wunsch und Wirklichkeit, wenn wir ein Geschenk öffnen. In Wahrheit besitzt es jeder von uns schon lange, denn dieses Geschenk ist jene persönliche Gabe, jenes besondere Talent, das uns einzigartig macht. Nimm diese Gabe an und nutze sie weise. Sie ist ein Geschenk des Universums.

24 Bedingungslose Liebe

Liebe, Partnerschaft, Unterstützung, Einklang

Was wir auf den ersten Blick wahrnehmen, ist ein ungewöhnliches Liebespaar, denn es handelt sich um einen Mann und eine Meerjungfrau. Sie kommen aus völlig unterschiedlichen Welten und bilden dennoch eine perfekte Einheit. Die beiden schauen nach vorn in eine ungewisse Zukunft. „Liebe besteht nicht darin, dass man einander ansieht, sondern dass man gemeinsam in die gleiche Richtung blickt", schrieb einst der Dichter Antonie de Saint-Exupéry. Diese Karte symbolisiert bedingungslose Liebe – beide nehmen sich so an, wie sie sind. Auch du bist zu einer solchen Liebe fähig. Dir ist es wichtig, dass eure Herzen miteinander verbunden sind und im Einklang schlagen. Deine Liebe ist stark und du hast verstanden, dass echte Partner sich in Krisen unterstützen, sich wie dieses Paar die Hand reichen und gemeinsam einen Weg finden. Ihren Weg, auf dem jeder dem anderen hilft, sich zu entfalten und weiterzuentwickeln. In Liebe und gegenseitigem Respekt.

25 Das schützende Nest

Hegen, Beschützen, Mutterschaft, Entwicklungsphase

Auf den ersten Blick wirkt diese Frau heiter und gelassen. Doch dieser Eindruck täuscht. Auf ihrem Kopf trägt sie ein Nest mit Eiern – und die will sie um jeden Preis schützen. Schließlich handelt es sich bei den Eiern um ihre Kinder – und das sind in diesem Fall ihre einzigartigen Fantasien und Zukunftspläne. Unausgereifte Ideen, die darauf warten, endlich umgesetzt zu werden. Und über diese wacht sie wie eine Mutter. Was ist mit all deinen Träumen, deinen Visionen? Ist es nicht so, dass auch du sie endlich leben möchtest? Du besitzt die innere Stärke, um dies jetzt zu tun. Glaub an dich und fang damit an, deine tief in dir verborgenen Schätze zu bergen, entscheidende Entwicklungsprozesse anzustoßen und deine Ideen umzusetzen. Die Zeit ist reif.

26 Verwandlung

Selbsterkenntnis, Identität, Transformation

Diese Frau ist eine Suchende, angetrieben von der ewigen Sinnfrage: Wer bin ich? Ihr gepunktetes rotes Kleid hat sich oben bereits in einen wunderschönen Schmetterling verwandelt. Die Transformation hat begonnen. Behutsam berührt ihre Hand die Brust – ist der Schmetterling schon mit ihr verschmolzen? Folgt sie dem Ruf des Herzens, dem Ruf ihrer Seele? Diese Karte lässt viele Fragen offen. Vielleicht findest du Klarheit, indem du selbst nach Antworten suchst. Bist du die Frau, die du immer sein wolltest? Oder hast du dich irgendwo auf deinem Weg verloren? Wer bist du hinter deiner Maske? Wie ehrlich erlaubst du dir in deinen stillen Stunden zu sein? Was treibt dich an? Wofür brennst du? Wenn du all diese Fragen für dich beantworten kannst, wirst auch du dich verwandeln. Dein Leben wird leichter. Und du selbst wirst leicht wie ein Schmetterling.

27 Der Garten

Annahme, Selbstfürsorge, Mitgefühl

Stolz steht sie in ihrem üppigen grünen Garten. In ihren Armen hält sie zwei Knollen, von den großen Pflanzen hängen zwei kleine Häuser hinab und auch das Kleid der Frau hat sich in ein Gebäude verwandelt. Ihre Beine scheinen fest mit dem Boden verwachsen zu sein. Sie ist eine Seelengärtnerin, kümmert sich liebevoll um all ihre Seelenanteile und wird dadurch immer stärker. Längst hat sie die verletzenden Angriffe auf sich selbst eingestellt. Selbstfürsorge und Mitgefühl für die eigenen Belange machen sie zu einer reifen, in sich gefestigten Persönlichkeit. Deine Seele ist dein Garten, du bist dafür verantwortlich, dass es dir gut geht. Hör auf, so hart mit dir zu sein. Statt dich ständig selbst zu kritisieren, geh behutsam mit dir um. Und schütze deine Grenzen, damit keine ungebetenen Gäste wie Neid, Eifersucht oder Scham in ihn eindringen können. Sobald wir damit beginnen, den Botschaften unserer Seele zu lauschen, hören wir damit auf, Gefühle als gut oder schlecht einzustufen. Wir schauen sie uns an und untersuchen, was sie uns sagen wollen. Und dann lösen wir sie in Liebe auf. Unser Seelengarten ist ein heiliger Ort. Er ist unsere wahre Heimat.

28 Allein

Einsamkeit, Hilferuf, Kommunikation

Allein im Ozean – den Rücken dem Betrachter zugewandt, das Gesicht blickt suchend zum Horizont. Diese Frau ist ein Symbol für Einsamkeit, ihr Unterkörper steckt in einer Muschel. Sie hat den Kontakt zum Boden, hat ihre Wurzeln verloren. Vielleicht wartet sie auf jemanden, der sie rettet. In ihrer Hand hält sie ein Horn, mit dem sie Hilfe herbeirufen kann. Warum sie es noch nicht getan hat? Ganz einfach, weil wir alle uns an manchen Tagen zurückziehen und uns verlassen fühlen. Wir vergraben uns in unser Muschelhaus und würden nur zu gern daraus ausbrechen. Das Meer der Gefühle hüllt uns ein mit seiner unendlichen Weite. Wir bleiben stumm. Leiden. Und dabei könnten wir doch ganz einfach andere um Hilfe bitten. Es ist an der Zeit, ins Horn zu blasen – indem wir mit anderen unseren Schmerz teilen, erfahren wir Linderung. Und können heilen.

29 Der passende Schlüssel

Zufriedenheit, Zuversicht, Entscheidungsfreude

Auf dieser Karte erkennen wir eine Frau, die in der einen Hand einen verschlossenen Käfig mit einem Herz und in der anderen einen Schlüssel hält. Auf ihrer Schulter sitzt ein Vogel mit einem Bund im Schnabel, der sie aufzufordern scheint, auch andere Schlüssel auszuprobieren. Doch die Frau hat bereits den passenden gefunden, mit dem sie den Käfig und auch das Herz darin öffnen kann. Manchmal scheint das Leben nur eine Suche nach dem richtigen Schlüssel zu sein. Es gibt so viele Dinge, die uns zunächst einmal verschlossen sind. Manchmal haben wir ja nicht einmal Zugang zu unseren eigenen Gefühlen. Zum Glück gibt es Freunde, Familie oder Partner, die uns dabei unterstützen, unseren Schlüssel zum Glück zu finden.

30 Hoffnung

Sehnsucht, Erfüllung, Träume

Irgendwo im nirgendwo steht eine Frau in einem wunderschönen blauen Kleid. Dunkelheit umgibt sie. Doch in der Hand hält sie eine strahlende weiße Rose, die wie ein geheimnisvolles Leuchtfeuer die Nacht erhellt. Mag sein, dass sie sich ein wenig verloren fühlt, vielleicht zweifelt sie an ihren Gefühlen. Doch dank des Lichts in ihrer Hand wird sie ihren Weg finden. Genau wie du. Es kann sein, dass du die Nacht liebst, das Licht des Mondes. Er unterstützt dich in deinem seelischen Wachstum. Bade im Licht der Erkenntnis und werde selbst zur Mondkönigin. Du bist beides: ein Geschöpf des Lichts und der Dunkelheit. Nachts teilt dir deine Seele ihre Botschaften über deine Träume mit. Begib dich ins Land der Schatten und begegne dir selbst. Lerne dich kennen und dann folge deiner Sehnsucht. Die weiße Rose der Hoffnung, des Neuanfangs und der jungen Liebe hilft dir dabei.

31 Loreley

Gnade, Kraft, Verantwortung, Schicksal

Auf dem Felsen sitzt eine Meerjungfrau und blickt in die Ferne Richtung Ozean. Wir sehen auch ein kleines Schiff – es ist durch ein Seil mit Loreley verbunden. Sie kann bestimmen, welchen Kurs es nehmen soll. Und sie entscheidet über das Schicksal der Mannschaft. Ein kurzer Ruck am Seil genügt und das Schiff wird zerschellen. Oder sie lässt es einfach weiterfahren. Was wird sie tun? Wird sie den Zyklus der Leiden fortsetzen oder ihn unterbrechen, damit Heilung geschehen kann? Und wie sieht es mit dir aus: Auch du bist schön, hast Macht. Mit deinen Worten und Taten kannst du andere verletzen oder ihnen Gutes tun. Achte auf die Gefühle deiner Mitmenschen, denn du bist verantwortlich für das, was du tust. Lass Gnade walten, wenn jemand dir unterlegen ist. Hilf anderen dabei, ihren Kurs zu finden, damit sie nicht an den Klippen des Lebens zerschellen. Du bist stark und besitzt viel mehr Kraft, als du dir vorstellen kannst.

32 Dem Himmel so nah

Gedankenverloren, Zurückgezogenheit, Isolation

Ein junges Mädchen mit langen Zöpfen schaut vom Himmel auf die Erde hinunter. Der kleine Vogel auf ihrer Schulter leistet ihr Gesellschaft an diesem Zufluchtsort über den Wolken. Einen ihrer Zöpfe hält sie wie eine Rettungsleine fest – vielleicht wartet sie darauf, dass jemand zu ihr hochklettert. Vielleicht ist dieser Zopf aber auch ihre letzte Verbindung zur Heimat. Wir alle werden mitunter so von unseren Gefühlen und den Geschehnissen um uns herum überwältigt, dass wir uns zurückziehen, uns flüchten in die Abgeschiedenheit. Es kann sogar passieren, dass wir den Kontakt zur Erde, zur Realität verlieren und völlig losgelöst unseren Gedanken nachhängen. In diesen Phasen sind wir oft enorm kreativ. Leicht wie ein Vogel erheben wir uns in unseren Wolkenpalast. Wenn es dir gerade so geht, du dich total entrückt fühlst, vergiss bitte nicht, dass es für andere nicht immer einfach ist, dir zu folgen und diesen Weg mit dir zu gehen. Du bist für sie momentan nicht greifbar. Versuch sie zu verstehen. Denn du bist diejenige, die dem Himmel so nah ist.

33 Die Schöpferin

Kreativität, Zusammenführung, Kunstfertigkeit

Hier sehen wir eine Frau, die zarte Blütenblätter zu wunderschönen Blumen zusammenfügt. Eine Künstlerin, die einen Blütenteppich zu weben scheint und die über eine so unglaubliche Kunstfertigkeit verfügt, dass sie Dingen neues Leben einhaucht. Alles um sie herum ist in Vergessenheit geraten, sie arbeitet konzentriert und ruhig. Sie ist eine Schöpferin, die ihrer Eingebung folgt. Schau dich um: Die Welt ist voller Inspirationen. Wecke die Künstlerin in dir, sammele Erlebnisse, Gefühle, schöne Dinge und forme daraus deine eigenen Kunstwerke. Verbinde Ungewöhnliches, modelliere, gestalte. Du bist eine Macherin. Schenke der Welt deine Meisterwerke und mache sie zu einem schöneren Ort.

34 Die Magierin

Magie, Spiritualität, Bestimmung, Lebenswege

Auf der Karte sehen wir eine Riesin. Sie erhebt sich über die Wolkenkratzer, ihr durchsichtiger Rock überdeckt einige Gebäude und sie ist mit den Sternen verbunden. Konzentriert webt sie Schicksalsmuster, studiert die Sternenkonstellationen, blickt in die Zukunft. Ihr Haar ist wie eine Nautilusmuschel frisiert. Alles an dieser Gestalt strahlt Macht, strahlt pure Magie aus. Magie, die sie befähigt, die ewigen Gesetze des Universums zu entschlüsseln. In jeder von uns steckt eine Magierin: Denn wir sind es, die die Schicksalsfäden zu Lebensmustern verweben. Wir gestalten unser Schicksal mit. Ziehen Menschen und Dinge wie eine Zauberin in unser Leben. Meist ist es uns gar nicht bewusst, doch wenn wir uns vergangene Geschehnisse einmal mit den Augen einer Magierin anschauen, werden wir erkennen, was wir in Wahrheit alles zu tun vermögen.

35 Lebensreise

Erinnerungen, Erfahrungen, Reise, Entwicklung

Wir sehen einen kleinen Elefanten auf seiner Ballonfahrt hoch am Himmel. Er lebt in seinem Palast an Bord der Montgolfiere. Lichter und Sterne weisen ihm den Weg auf seiner Lebensreise. Wird er irgendwo seinen Anker werfen? Niemand weiß es. Die Karte ist ein Spiegelbild für unseren eigenen Weg durchs Leben. Wie gestalten wir unsere persönliche Pilgerfahrt? Wir haben bereits eine Reihe wertvoller Erinnerungen gesammelt. So viele, dass sie bereits ein großes Schloss füllen und doch ist da noch genügend Platz für weitere. Und unsere Reise ist noch lange nicht beendet – wir sammeln neue Erfahrungen, begegnen anderen Menschen, erleben spannende Abenteuer. Das Sternenlicht weist uns den Weg in die Zukunft. Und das Ende bleibt offen.

36 Lebensfreude

Große Gefühle, Lebenslust, Vielfalt, Schönheit

Aus diesem weißen Haus auf dem Hügel quellen wunderschöne Blumen in allen Farben heraus. Einige sind riesig groß, andere zart, doch sie alle erfreuen das Herz des Betrachters. Pure Lebensfreude strahlt es aus, dieses Blumenhaus. Zwei Frauen nähern sich dem Gebäude, sie wirken geradezu winzig im Vergleich zu den Blättern auf der Wiese. Die beiden genießen die prachtvollen Gaben der Natur. Wir alle sind aufgefordert, uns an der Schönheit der Natur, an ihren vielfältigen Geschenken zu erfreuen. Schon eine einzelne Blume im Haus kann die Stimmung verändern. Jedes Blütenblatt ist ein kleines Wunder. Diese Karte symbolisiert Lebensfreude, die Konzentration auf das Jetzt mit all seiner Energie, Vielfalt und Schönheit. Feiere dein Leben, lass die Liebe in dein Herz. Und sei Liebe!

37 Alles ist gut

Optimismus, Trost, Energie, Zuversicht

Die Sonne schiebt die Regenwolke fort. Heute wird ein schöner Tag. Denn die Sonne schenkt uns Wärme, Trost und Zuversicht. Ihre Strahlen spenden Leben und Kraft, vertreiben Kummer und Sorgen. Wende dein Gesicht an trüben Tagen der Sonne zu und lass die Schatten, lass alles, was dich belastet, hinter dir. Zieh deine schönsten Schuhe an, streif dir ein tolles Kleid über und tanze dein Leben. Brich aus dem grauen Alltag aus – und sei es auch nur für einen Moment. Fühl die belebende Kraft in deinem Körper, spür die Lebensfreude tief in dir. Umgib dich mit positiven, gut gelaunten Menschen und schaffe dir ein Umfeld, in dem du leuchten kannst. Sei deine eigene Sonne. Strahle Zuversicht aus.

38 Wiegenlied

Erholung, Schlaf, Stille, Träume

In der Abenddämmerung erkennen wir einen Cello-Spieler. Er ist gekommen, um für uns ein Wiegenlied zu spielen, damit wir friedlich einschlafen und endlich jene Erholung finden, die wir so dringend benötigen. Die Melodie ist leise, hilft uns abzuschalten. Loszulassen. Und sanft gleiten wir hinüber in das Land der Träume. Wir sind Teil dieses ewigen Zyklus von Tag und Nacht, Licht und Schatten. Auf dem Instrument können wir Mond und Sterne erkennen – sie sind heute Nacht die Wächter unserer Träume. Ruhe sanft eingehüllt von den Klängen der Natur, die durch das geöffnete Fenster in dein Zimmer schweben. Fühl dich sicher und geborgen. Und morgen wirst du erfrischt aufwachen, bereit für all die wunderbaren Tage deines Lebens, die dich erwarten.

39 My Home is my Castle

Lebenserfahrung, Wissen, Wachstum, Alter

Ein wenig surreal wirkt sie, diese Frau, auf deren Schultern ein solides Schloss steht. Es scheint mit ihr verwachsen zu sein, und es wirkt so, als ob es mit jedem Lebensjahr ein wenig größer wird. Auf ihrer rechten Handfläche sehen wir einen Turm, den ein paar Vögel umkreisen. Hinter den Schlossmauern finden sich alle Erinnerungen, alle Begegnungen und Erlebnisse. Auch du besitzt eine solche Schatzkammer, in der du all die kostbaren Momente deines Lebens aufbewahrst. Sie schützt und in deinen Gedanken ehrst. Deine Seele ist ein Schloss, angefüllt mit all deinen Empfindungen. Du sammelst immer mehr Erfahrungen mit der Zeit. Wirst bewusster, reifer. Und dennoch bleibst du offen für neue Erlebnisse, intensive Beziehungen, die auf dich warten – so wie die Vögel den Turm umkreisen. Lass sie ein, damit dein Schloss noch größer werden kann.

40 Neubeginn

Anfang, Glück, Optimismus

Alles auf Anfang. Ein neuer Tag beginnt. Begrüßen wir ihn voll Freude und Dankbarkeit so wie diese Frau auf der Karte. Mit ihrem Sonnenschirm sitzt sie auf einem riesigen Pilz und bewundert den Sonnenaufgang am Horizont. Wie wundervoll ist es, den jungen Morgen willkommen zu heißen, vor allem dann, wenn man wie sie gleich von drei Glückbringern begleitet wird - niedlichen Marienkäfern. Mach dich bereit für den Neubeginn, vergiss deine Sorgen und Ängste von gestern. Erlaube der Vergangenheit nicht, von dir Besitz zu ergreifen. Bade im Glanz der Sonnenstrahlen, tanke Energie. Und heile. Es ist Zeit, alles Belastende loszulassen. Dieser Tag ist einzigartig. Jeder einzelne Moment ist neu. Es gab ihn noch nie - und es wird ihn so auch nie wieder geben. Darum nutze jeden Augenblick. Du hast die Kraft, die Macht, so viel Gutes zu bewirken. Für dich und für andere. Also mach was draus. Heute ist dein Glückstag!

41 Abenteuer

Fernweh, Abenteuer, Rückzugsmöglichkeit

Ein wenig skurril wirkt sie schon, diese Ansammlung von Häusern, die an jeweils einem Ballon befestigt die Wolken durchstreifen. In ihnen wohnen Vögel, die aus den Fenstern gucken oder gerade zu einem Ausflug aufbrechen. Die Karte enthält alle wichtigen Elemente einer Reise, symbolisiert durch den Himmel, Vögel und Ballons. Aber es gibt eben auch Häuser, die für Sicherheit, Heimat und Stabilität stehen. Diese Vögel sind glückliche Geschöpfe, denn sie besitzen das Beste von beiden Welten: Sie können große Entfernungen zurücklegen, ohne ihr Heim zu verlieren. Sie sind frei, haben die Möglichkeit, neue Erfahrungen zu sammeln und dann nach Hause zu fliegen. Wie sieht es bei dir aus? Was hält dich davon ab, dein Leben als Abenteuer zu genießen? Worüber machst du dir Sorgen? Und wie würdest du dich in einem Jahr fühlen, wenn du deine Komfortzone ab und zu verlassen würdest? Vergiss nie: Deine Heimat ist dort, wo dein Herz glücklich ist.

42 Wandel

Transformation, Wachstum, Veränderung, Loslassen

In der Mitte der Karte steht eine Frau, umgeben von im Wind wirbelnden Blättern, Blüten und Schneeflocken. Mit einer Hand versucht sie, ein paar Blüten zu halten, doch ihr ist bewusst, dass sie auch diese bald loslassen muss. Alles ist im Wandel. Die Jahreszeiten kommen und gehen. Und auch wir verändern uns. Werden älter, reifer. Sammeln Eindrücke und Erfahrungen. Begegnen immer wieder neuen Menschen und nehmen Abschied von anderen. Manchmal kann uns das überfordern, traurig machen. Dann ist es an der Zeit, sich zurückzuziehen. In der Ruhe finden wir die Kraft, zu akzeptieren, was ist. Irgendwann beginnen wir zu verstehen, dass Veränderung genau wie der Wechsel der Jahreszeiten eine Konstante des Lebens ist. Und unser Herz wird uns zeigen, warum jedem Anfang auch ein neuer Zauber innewohnt.

43 Geheimnisse

Magie, Geheimnis, Lösung, verborgene Erinnerungen

Auf ihrem Hocker ist dieses Mädchen groß genug, um den Mond berühren zu können. In der anderen Hand hält sie einen Schlüsselbund. Und einer dieser Schlüssel wird zum Schloss im Mond passen, das interessanterweise auf dem Kopf steht. Diese Karte erzählt uns eine Geschichte über tief in uns verborgene Geheimnisse, Ideen und Wünsche. Einige stammen wahrscheinlich sogar aus unserer Kindheit. Manche sind kostbar, andere brennen uns auf der Seele. Und manche warten nur darauf, endlich einmal ausgesprochen zu werden. Denn das ist das Problem: Niemand kann in unser Herz schauen und wissen, was wirklich in uns vorgeht. Du kannst entscheiden, welche Erinnerungen, Einfälle oder Visionen du mit anderen teilen möchtest. Offenbare ein paar davon einem Herzensmenschen, dem du vertraust. Und einige behältst du für dich: Denn ein Hauch von Geheimnis verleiht dir eine geradezu magische Ausstrahlung.

44 Wer bin ich?

Gestrandet, Fehleinschätzung, Versagensängste

Schau dir diesen jungen Seemann an. Ein wenig verloren steht er auf dem Ast eines

Baumes. Sein Schiff steckt in der Krone. In der Hand hält er die Leine mit dem Anker. Offensichtlich ist er gestrandet, hat seine Orientierung verloren. Die Karte scheint zu fragen: Wie konnte das Schiff so vom Kurs abkommen – und an diesem Ort landen? Immer wieder passiert es, dass auch wir uns in Situationen wiederfinden, in denen unsere gewohnte Welt auf den Kopf gestellt wird. Alles ist anders, manches sogar verrückt. Wir sind gezwungen, an ungewohnten, fremden Orten klarzukommen. Uns mit Gegebenheiten zu arrangieren, die uns nicht gefallen. Vielleicht haben wir Fehler gemacht, vielleicht haben uns zu große Erwartungen an diesen Punkt gebracht. Gut, wir sind gescheitert. Nun können wir aufgeben und aus Angst davor, noch einmal zu versagen, zukünftig jedes Risiko scheuen. Oder wir stellen uns der Realität und akzeptieren, dass so etwas nun mal zum Leben gehört. Wie hat Thomas Alva Edison, der Erfinder der Glühlampe, gesagt: „Ich bin nicht gescheitert – ich habe 10 000 Wege entdeckt, die nicht funktioniert haben."

45 Neue Wege

Aufbruch, Abschied, Perspektiv-Wechsel

Ein Löwenzahn als Luftschiff ist eine spannende Möglichkeit, zu reisen. Und so sind die Männer an Bord auch bereit, ungewöhnliche neue Wege zu gehen und loszulassen. Denn der Ballon ist in Auflösung begriffen: Ein Mann fliegt bereits mit einem Samen der Pusteblume davon. Die anderen Reisenden winken ihm zum Abschied. So symbolisiert diese Karte denn auch Aufbruch und Trennungen. Allerdings ohne Schwermut, hier geht es vielmehr um einen Perspektiv-Wechsel. Im Leben ist es eben mitunter erforderlich, dass wir uns neu orientieren, bereit sind, die Richtung zu ändern und Dinge zurückzulassen. Es erfordert Mut, Schlussstriche zu ziehen, vielleicht sogar einen lieb gewonnenen Menschen zu verlassen. Doch mitunter haben wir keine andere Wahl. Wenn du dann kühn genug bist, brichst du auf zu neuen Ufern, neuen Plätzen und lernst dich selbst wieder ganz neu kennen.

46 Magie der Nacht

Beschützer, Wunder der Nacht, Großer Bruder, Freundschaft

Auf seinem Rücken transportiert dieser Elefant zwei weiße Eulen – eine Mutter mit ihrem Jungen. Schützend hat sie ihren Flügel über den Kopf der jungen Eule ausgebreitet. Der Elefant bringt die zwei sicher durch die Nacht. Ihren Weg erhellen Sternschnuppen. Seine Verbindung mit der Magie und all den Wundern der Natur ist deutlich spürbar: Er ist ein Wächter des Dschungels, dem man sich unbesorgt anvertrauen kann. Wer hilft dir, wenn es hart auf hart kommt? An wen kannst du dich anlehnen, wenn du dich schwach fühlst? Bei wem fühlst du dich sicher und geborgen? Wir alle brauchen einen solchen Freund. Hast du ihn gefunden, sei dankbar für dieses Geschenk und behandele ihn gut.

47 Freundschaft

Freunde fürs Leben, Zuverlässigkeit, Verbundenheit

Ein wenig erinnert das Motiv der Karte an die Entdeckungsreise, doch hier sind die Protagonisten ein wenig älter. Das Rehkitz ist nun ein stattlicher Hirsch und die Frau auf seinem Rücken wirkt reifer. Ihre Verbundenheit ist durch die gemeinsame Reise noch tiefer geworden. Sie sind Freunde fürs Leben. Hinter ihnen liegen gute und schlechte Zeiten. Gemeinsam haben sie sich weiterentwickelt, sind weiser geworden. Eine solche Freundschaft ist kostbar, du bist nie allein. Dein Seelengefährte ist immer mit dir verbunden, auch wenn ihr weit entfernt seid. Du hast jemanden gefunden, der immer für dich da sein wird und dem du blind vertrauen kannst. Als Team könnt ihr viel bewegen und Dinge erreichen, die für einen Einzelkämpfer niemals realisierbar wären.

48 Offenheit

Neugier, Entdeckungsfreude, Achtsamkeit

Verträumt schaut diese Frau mit einer blühenden Blume in der Hand zum Himmel. Auf ihrem Haar sitzt ein wunderschöner Schmetterling, der die Blütenblätter vorsichtig mit seinen Fühlern untersucht. Seine Flügel sind mit einzigartigen Pflanzen und Blättern verziert. Er ist ein Meisterwerk von Mutter Natur. In stiller Versunkenheit genießt die junge Frau alles, was geschieht, und ist dabei verbunden mit Mutter Erde. Verbunden mit ihren Geschöpfen. Achtsam. Es sind die kleinen Dinge des Lebens, die es so kostbar machen. Achte auf alles, was um dich herum passiert, und dir werden viele beglückende Momente zuteilwerden: Sonnenaufgänge, ein taubenetztes Spinnennetz, das Zwitschern der Vögel, das Lachen eines Kindes – die Welt ist voll großer und kleiner Wunder. Du musst sie nur sehen. Bleib offen: Sei neugierig und geh hinaus, auf deine persönliche Schatzsuche.

49 Lösung

Selbstvertrauen, Lösungen, Kreativität

Mitten im Dschungel auf einem gewundenen, schimmernden Eisenturm sehen wir einen Käfig, in dem ein Elefant gefangen gehalten wird. Um ihn herum hängen in den Bäumen alle möglichen Schlüssel. Und auch er selbst ist in Besitz eines Schlüssels, der an einem Band befestigt ist, das er mit seinem Rüssel hält. Obwohl seine Situation kompliziert scheint, wirkt der Elefant gelassen. Denn er ist sicher: Sobald er den Käfig verlassen will, kann er die Tür öffnen. So ist es mit den meisten Problemen. Bewahren wir die Ruhe, können wir sie lösen. Wenn du momentan eine schwierige Entscheidung treffen musst oder in einer scheinbar ausweglosen Lage feststeckst, vertraue deiner inneren Stärke. Bitte dein Herz um Hilfe und dann suche nach Antworten. Bleib offen: Die Lösung kann sich dir überall zeigen. Du bist kreativ – halte Ausschau an ungewöhnlichen Orten, achte auf versteckte Zeichen. Und glaube an dich – du wirst einen Ausweg finden.

50 Achtsamkeit

Geduld, Bewusstheit, Konzentration

Konzentriert blickt eine Frau durch eine alte Kamera, bereit, jederzeit ein Bild zu machen. Ruhig betrachtet sie die vor ihr liegende Landschaft. Alles ist ruhig und friedlich. Wir wissen nicht, wie lange sie schon auf den richtigen Augenblick für das perfekte Foto wartet. Aber sie besitzt die Geduld, bleibt fokussiert, so lange es eben erforderlich ist. Über ihrem Haar fliegen die Samen von Pusteblumen und fast scheint es, als sei sie selbst mit ihrem Umfeld verschmolzen. Wenn du etwas wirklich willst, dir etwas von Herzen wünschst, handele achtsam und aus deiner Mitte heraus. Lass dich nicht von unwichtigen Dingen ablenken, konzentriere dich auf dein Ziel. Bleibe gelassen. Der richtige Moment wird kommen. Dein Moment. Und dann tue, was nötig ist. Aber tue es immer in Liebe.

51 Sehnsucht

Verlangen, Wünsche, Sehnsucht

Schau dir diese Frau auf der Mond-Schaukel an. Sehnsuchtsvoll blickt sie in die Ferne. Wartet sie auf jemanden? Träumt sie von großen Abenteuern? Ihr Kleid aus zarten Federn, die Wolken, die ihren Rücken streifen, der kleine Vogel auf ihrer Schulter – alles scheint eine stumme Aufforderung zu sein: Lass los! Doch sie bleibt abwartend. Passiv. Diese Karte deutet auf ein tiefes Verlangen hin. Wofür brennst du schon so lange – und was hält dich davon ab, es endlich zu tun? Wonach sehnt sich dein Herz? Wie lange noch willst du seine Botschaften ignorieren? Es ist an der Zeit, dein Schneckenhaus zu verlassen und nach draußen zu gehen. Das Leben wartet auf dich.

52 Kreativität

Verspieltheit, Zauber, Unschuld, Verwandlung

Diese kleine Meerjungfrau ist eine See-Hexe. Eine Meisterin der Verwandlung. Statt einer Flosse besitzt sie rote Federn, die den Tentakeln einer Qualle ähneln. Ihre vielen geflochtenen Zöpfe erinnern an winzige Seeschlangen. In der linken Hand hält sie eine Windmühle, die sie vorwärtstreibt. Unter ihren rechten Arm hat sich ein großäugiger Fisch geschmiegt, ihr treuer Begleiter auf ihren Streifzügen durch den Ozean. Irgendwie wirkt die Kleine bei aller Fremdartigkeit unschuldig. Sogar ein wenig verspielt. Sie ist jung, nutzt ihre Magie, um in den Wellen zu tanzen und sich an den fantastischen Facetten des Lebens zu erfreuen. Diese Karte fordert dich auf, die Hexe in dir willkommen zu heißen. Sei kreativ, spiele, verwandele dich in all das, was dir gefällt. Nimm nicht alles so ernst. Du darfst auch mal verrückt sein. Alle großartigen Menschen besitzen etwas Verrücktheit. Jeder von uns ist auf seine Art etwas schräg, und genau das macht uns liebenswert.

DIE KÜNSTLERIN

Catrin Welz-Stein studierte Grafikdesign in Deutschland und arbeitete für verschiedene Agenturen. In ihrer Freizeit experimentierte sie mit Mischtechnik, Collagen und Gemälden auf Leinwand und betrat schließlich die erstaunliche Welt der digitalen Kunst. Dort entdeckte sie auch ihre Leidenschaft und Liebe zum Surrealismus. Seitdem hat ihr Schaffensdrang nie nachgelassen.